www.ingramcontent.com/pod-product-compliance
Lightning Source LLC
LaVergne TN
LVHW052208200726
843508LV00015B/1983

محبت کی حقیقت

(اصلاحی مضامین)

مصنف:

ممتاز احمد عبداللطیف

ISBN 978-93-5872-858-3

© تعمیر پبلی کیشنز

محبت کی حقیقت (اصلاحی مضامین)	:	کتاب
ممتاز احمد عبد اللطیف	:	مصنف
مذہب	:	صنف
تعمیر پبلی کیشنز (حیدرآباد، انڈیا)	:	ناشر
تعمیر ویب ڈیولپمنٹ، حیدرآباد	:	زیرِ اہتمام
۲۰۲۳ء	:	سالِ اشاعت
(پرنٹ آن ڈیمانڈ)	:	تعداد
تعمیر پبلی کیشنز، حیدرآباد – ۲۴	:	طابع
۲۸	:	صفحات
تعمیر ویب ڈیزائن	:	سرورق ڈیزائن

بسم اللہ الرحمٰن الرحیم

فہرست عناوین

مقدمہ

الحمد لله رب العالمين القائل "قل إن كنتم تحبون الله فاتبعوني يحببكم الله ويغفر لكم ذنوبكم والله غفور رحيم" ﴿آل عمران: ٣١﴾

والصلاة والسلام على نبينا محمد القائل "والذى نفسى بيده لاتدخلوا الجنة حتى تؤمنوا ولاتؤمنوا حتى تحابوا" ﴿مسلم﴾ وعلى آله و أصحابه أجمعين والتابعين لهم بإحسان إلى يوم الدين. وبعد:

حمد وثنا اور درود وسلام کے بعد عرض ہے کہ کائنات کی ہر خوبصورت چیز کی طرف انسانی دلوں کا مائل ہونا اور اس کے حصول کی تمنا اور کوشش کرنا ایک طبعی امر ہے ، چونکہ انسان کی طبیعتیں مختلف ہوتی ہیں، اس لئے وہ اپنی شکل وصورت اور ظاہری بناوٹ کے اختلاف کی طرح اپنے باطنی اور معنوی احساسات وشعور میں بھی ایک دوسرے سے مختلف ہوتا ہے، اس امر کا اندازہ لگانا ہو تو ان الفاظ اور ان کے معنوی حقائق پر غور کیجیے جن کو انسان اپنے طبعی میلان اور دلی کشش کیلیئے استعمال کرتا ہے، اسکی تعبیر کے لیئے تقریبا ساٹھ الفاظ عربی زبان میں استعمال کیئے جاتے ہیں ،ان میں سے چند مشہور ومعروف یہ ہیں.

﴿1﴾ محبت　﴿2﴾ عشق　﴿3﴾ ھوٰی　﴿4﴾ صبوۃ　﴿5﴾ شغف　﴿6﴾ شوق　﴿7﴾ وُد
﴿8﴾ خُلّہ

﴿1﴾ محبت: طبعی میلان اور دلی کشش کی تعبیر کے لیئے سب سے زیادہ محبت کا لفظ استعمال کیا جاتا ہے، جس کا قرآن وحدیث میں بھی کثرت سے استعمال ہوا ہے ، ہم نے بھی اس امر کے لیئے اسی محبوب لفظ کا سہارا لیا ہے ،اور ﴿محبت کی حقیقت﴾ کے نام سے اگلے صفحات میں کچھ لکھنے کی کوشش کی ہے.
محبت کا لفظ اپنے اشتقاق کے اعتبار سے اپنے اندر کئی معنی رکھتا ہے:

﴿A﴾ محبت کا اصل معنی پاکی اور ستھرائی ہے ،عرب کہتے ہیں: " حَبَبَ الأسنان" دانت بڑے ستھرے اور چمکیلے ہیں،" حَبَبَ الماء"، پانی نتھر گیا خوب پاک صاف ہوگیا یعنی محبت اپنے دامن میں پاک اور ستھرائی کو سمیٹے ہوئی ہے.

﴿B﴾ یا اس کا معنی استقرار ودوام اور لزوم ہے ،عرب کہتے ہیں : "أَحَبَّ البعير" اونٹ زانو جما کر بیٹھ گیا، گویا اسی طرح محبوب کی محبت دلوں میں بیٹھ جاتی ہے.

﴿C﴾ یا محبت کا لفظ "حباب" سے ماخوذ ہے جو پانی پر بارش کے قطروں کے گرنے سے اوپر کی طرف اٹھتا اور بلند ہوتا ہے ، محبت بھی اسی طرح محبوب کے شوقِ دیدار و ملاقات میں دل کے اندر جوش مارتی ہے اور اسے شعلے اٹھتے ہیں.

﴿D﴾ یا محبت کا لفظ " حُب " سے لیا گیا ہے جس کا معنی مغز اور ہر چیز کی اصل ہے ،محبت بھی انسانی زندگی کا حاصل اور خلاصہ ہے.

﴿E﴾ یا محبت کا لفظ " حَبّہ " سے ماخوذ ہے جس کا معنی دانہ ہے ،یعنی جس طرح مادی زندگی کا انحصار آب ودانہ پر ہے اسی طرح روحانی زندگی کا دارومدار محبت پر ہے.

گویا محبت کا لفظ اپنے اشتقاق کے اعتبار سے اپنے اندر پاکی ستھرائی،صفائی و پاکیزگی،علو و بلندی،دوام ولزوم،سکون وقرار اور سببِ حیات کا معنی پوشیدہ رکھتا ہے.

﴿2﴾ عشق : یہ نام محبت کے تمام ناموں میں کڑوا کسیلا اور گھٹیا ہے،جس کا استعمال قدیم عربی کلام میں بہت کم اور قرآن اور صحیح احادیث میں بالکل نہیں ہوا ہے،ہاں صوفیہ اور جدید شعراء نے اپنے کلام میں اس لفظ کا کثرت سے استعمال کیا ہے،جس کا معنی فرطِ محبت ہے، دراصل عشق ایک لیس دار پودے کا نام ہے جو کسی چیز سے چمٹ جائے تو اس کا ساتھ نہیں چھوڑتا، یہی حال عشق کا ہے،جس کو یہ بیماری لگ گئی وہ اس کے لئے جان لیوا ثابت ہوتی ہے .

﴿3﴾ ھَوٰی : یعنی ہوا وہوس جس کا عموماً مذموم محبت کے لئے استعمال ہوتا ہے،اللہ تعالی کا ارشاد ہے:
"وأما من خاف مقام ربہ ونھی النفس عن الھوٰی ، فإن الجنۃ ھی لماوٰی"﴿النازعات: ٤١۔٤٢﴾
ہاں جو شخص اپنے رب کے سامنے کھڑے ہونے سے ڈرتا رہا ہوگا اور اپنے نفس کو بری خواہشات سے روکا ہوگا تو اس کا ٹھکانا جنت ہی ہے .

﴿4﴾ صَبوَۃ: صبوہ کا اطلاق ایسی محبت پر ہوتا ہے جس کے اندر جہالت اور نادانی کا پہلو غالب ہو.اللہ تعالی کا ارشاد ہے :
"وإلاتصرف عنی کیدھن أصب إلیھن وأکن من الجاھلین'﴿یوسف : ٣٣﴾
اے اللہ! اگر تو نے ان عورتوں کا فریب مجھ سے دور نہ کیا تو میں ان کی طرف مائل ہو جاتا،اور بالکل نادانوں سے جا ملتا.

﴿5﴾ شغف : یہ لفظ''شغاف''سے ماخوذ ہے جس کا معنی غلافِ قلب ہے،یعنی وہ محبت جو دل کا غلاف پار کر کے اس کے اندر جاگزیں ہو جائے .
اللہ تعالی کا ارشاد ہے :" قد شغفھا حبا''﴿یوسف: ٣٠﴾
اس ﴿عزیز مصر کی بیوی﴾ کے دل میں یوسف ﴿علیہ السلام﴾ کی محبت بیٹھ گئی ہے .

﴿6﴾ وُد: یہ خلوص دل سے کسی چیز کو چاہنے کا نام ہے،جس کے اندر رحمت ورأفت کا پہلو غالب ہوتا ہے .
اللہ تعالی کا ارشاد ہے :" إن ربی رحیم ودود''﴿ھود: ٩٠﴾
یقین مانو کہ میرا رب بڑی مہربانی والا اور بہت محبت کرنے والا ہے
اللہ کے رسول ﷺ کا ارشاد ہے :"تزوجوا الودود الولود''﴿ابو داؤد﴾   زیادہ بچہ دینے والی اور زیادہ چاہنے والی عورت سے شادی کرو!

﴿7﴾ شوق : محبوب کی طرف دل اور دلی شعور کے سفر کرنے کا نام شوق ہے،

﴿8﴾ خُلَّۃ : خلت محبت کا وہ درجہ ہے جس میں ایک مُحِب اپنی محبت میں غیر کی شرکت گوارہ نہیں کرتا.اللہ کے رسول ﷺ کا ارشاد ہے:
"لو کنت متخذاً خلیلاً لاتخذت أبابکر خلیلاً ولکن أبابکر أخی وصاحبی ولقد اتخذ اللہ صاحبکم خلیلاً''﴿البخاری ومسلم﴾
اگر میں کسی کو اپنا خلیل بناتا تو ابو بکر کو بناتا لیکن ابو بکر میرے بھائی اور ساتھی ہیں،اور اللہ تعالی نے تمہارے ساتھی ﴿محمد ﷺ﴾ کو اپنا

خلیل بنا چکا ہے.

محبت کے ان مذکورہ ناموں کے علاوہ بھی بہت سارے نام ہیں ، طوالت کی خاطر ان ہی چند ناموں پر اکتفا کر کے محبت کی حقیقت و ماہیت کی طرف رخ کرتے ہیں.

محبت کی ان مذکورہ لغوی تعبیرات سے بخوبی واضح ہوتا ہے کہ محبت کسی خوبصورت، اور پسندیدہ چیز کی طرف طبعی کشش کا نام ہے جو انسان کے دل میں مختلف اسباب و وجوہات سے پیدا ہوتی ہے ، اور اس کے ثمرات و نتائج مختلف انسانی طبائع کی طرح مختلف ہوا کرتے ہیں ، کبھی اسکا حملہ اتنا شدید ہوتا ہے کہ اس راہ کا مسافر سب کچھ لٹا اور گنوا کر بھی فرحت اور خوشی محسوس کرتا ہے ، چنانچہ مروی ہے :

’’حبک للشئی یعمی ویصم‘‘ ﴿مسند احمد﴾

تم کو کسی چیز کی محبت اندھا اور بہرا کر دیتی ہے.

اس روایت کی سند میں ایک راوی بقیہ بن ولید آتے ہیں جو محدثین علمائے جرح و تعدیل کے نزدیک مجروح اور متکلم فیہ ہیں.

کبھی محبت محبوب کے دائمی وصال کی متقاضی ہوتی ہے. ایک عربی شاعر کہتا ہے :

یا مقیما فی خاطری وجنانی ☆ وبعیدا عن خاطری وعیانی

أنت روحی إن کنت لست أراھا ☆ فھی أدنیٰ إلی من کل دانی

اے میرے دل و دماغ میں بسنے والے اور میری ذات اور میرے حضور سے دور رہنے والے ، تو میری جان ہے گرچہ میں تجھے نہیں دیکھتا ، لیکن تو تو میرے ہر قریب رہنے والے سے قریب تر ہے.

ایک دوسرا عربی شاعر کہتا ہے :

خیالک فی عینی وذکراک فی فمی ☆ وشواک فی قلبی فأین تغیب

میری آنکھوں میں تیرا تصور ، میری زبان پر تیرا ذکر اور میرے دل میں تیری حسین صورت رچی بسی رہتی ہے پھر تو کہاں جائیگا؟

ایک فارسی شاعر کہتا ہے :

در راہِ دوست مرحلۂ قرب وبعد نیست ☆ می بینمت عیاں ودعا می فرستمت

دوستی کی راہ میں مسافت کی دوری اور نزدیکی کوئی معنی نہیں رکھتی ، میں تجھے اچھی طرح دیکھ رہا ہوں اور تیرے لیئے دعا کرتا ہوں.

ایک اردو شاعر کہتا ہے :

تم میرے پاس ہوتے ہو گویا ☆ جب کوئی دوسرا نہیں ہوتا

کبھی محبت کی یہ آگ یک طرفہ لگتی ہے ، محب اپنے محبوب کے لیئے بیقرار ، اور اس کا محبوب اس سے بے زار ہوتا ہے ، زمانہ نبوی کا ایک مشہور واقعہ ہے کہ ’’مغیث اور بریرہ‘‘ رضی اللہ تعالی عنھما دونوں حالتِ غلامی میں ایک دوسرے کے شریکِ حیات تھے ، بیوی یعنی بریرہ کو حضرت عائشہ رضی اللہ تعالی عنھا نے آزاد کر دیا ، اب شرعی قاعدے کے مطابق آزاد عورت کسی غلام مرد کی زوجیت میں نہیں رہ سکتی ، لہذا! ان دونوں کے درمیان جدائی ہوگئی ، اس جدائی اور فرقت کے بعد حضرت مغیث مدینہ کی گلیوں میں زار و قطار روتے ہوئے چلتے ، ان کی آنکھوں سے آنسو اس قدر ان کی داڑھی تر ہو جاتی ، اللہ کے رسول ﷺ کو ان کا یہ حال نہ دیکھا گیا ، اور حضرت بریرہ سے اپنی رائے کا اظہار کیا کہ کاش تم مغیث کے پاس دوبارہ چلی جاتی! اس نے پوچھا اے اللہ کے رسول ﷺ ! کیا یہ آپ کا حکم ہے ؟ آپ نے فرمایا:’’إنما أنا شافع‘‘ میں صرف سفارش کر رہا ہوں تو اس نے کہا اس کی کوئی حاجت نہیں ہے ، اس پر آپ ﷺ نے حضرت عباس رضی اللہ تعالی عنہ سے کہا:

"یا عباس ألا تعجب من حب مغیث بریرة ومن بغض بریرة مغیثا" ﴿البخاری﴾

اے عباس! کیا آپ کو مغیث کی بریرہ سے محبت اور بریرہ کی مغیث سے نفرت دیکھ کر تعجب نہیں ہوتا؟

بہرصورت! محبت ایک ایسی حقیقت ہے، جسے ہر شخص کی زندگی دوچار ہوتی ہے، گرچہ اس کی کیفیت اور حیثیت جداگانہ ہوتی ہے ایک مسلمان ہونے کی حیثیت سے ہمیں اپنی محبت کے لیے کون سی راہ اختیار کرنی چاہیئے، اور کن لوگوں سے کس طرح، کیسے، کس لیے اور کب محبت کرنی چاہیئے؟ ان ہی سوالوں کو اس چھوٹے سے رسالے میں حل کرنے کی کوشش کی گئی ہے، ہمیں اس میں کس قدر کامیابی حاصل ہوئی ہے؟ اس کا فیصلہ ہمارے قارئین ہی فرمائیں گے، ہم تو صرف اتنا چاہتے ہیں کہ یہ ہماری بخشش کا ذریعہ بن جائے، اور مخلوقِ خدا اس سے بھرپور فائدہ اٹھائے. اللہ ایسا ہی کرے. آمین.

آخر میں ہم اپنے عزیز دوست حافظ محمد طیب صاحب سلمہ کا تہِ دل سے شکر گزار ہیں، جنہوں نے اس رسالے کے مسودے کو شروع سے اخیر تک پڑھ کر اپنے مفید مشوروں سے نوازا، انہیں اللہ تعالیٰ دنیا اور آخرت میں اس کا بہترین بدلہ عطا فرمائے. آمین.

ممتاز احمد عبداللطیف / اسلامک سینٹر دبئی
13 ربیع الاول 1419ھ موافق 6 اگست 1998ء

محبت کا مفہوم

محبت دلی میلان، قلبی رجحان اور طبعی کشش کا نام ہے، جو کسی پسندیدہ اور محبوب چیز کو دیکھ، سن، چکھ، سونگھ، اور چھو کر عقل کے ذریعے دل پر وارد ہوتی ہے، جس کے حصول کے لئے ایک مُحب ہر طرح کی قربانی دینے کے لئے ہمہ وقت تیار رہتا ہے، اور اس کے حصول پر بے پایاں خوشی اور لذت محسوس کرتا ہے، اور اس کے عدم حصول پر یاس و قنوط کا شکار ہوتا ہے، اگر یہی طبعی کشش حدِّ اعتدال سے بڑھ جائے تو اسے عشق کا نام دیا جاتا ہے، اور اگر یہ عشق عالمِ محسوسات سے تعلق رکھتا ہو تو اس کا عاشق ہر شرعی اور غیر شرعی امور انجام دے کر مقصود گوہر حاصل کرنے کی کوشش کرتا ہے، اور اگر اس کا تعلق عالمِ غیبیات یا معنوی امور سے ہو تو اس کا عاشق فنا فی اللہ کا دعویٰ کر کے اپنی ذات سے شرعی احکام کے اٹھائے جانے کا ڈھونگ رچتا ہے.

بہرصورت! یہ ایک حقیقت ہے کہ آنکھ حسین چیزوں اور خوبصورت مناظر کو دیکھ کر لذت حاصل کرتی ہے، کان سریلی اور شیریں آواز کو سن کر مدہوش ہوتا ہے، ناک پاکیزہ ہواؤں اور بھینی بھینی خوشبوؤں کو سونگھ کر لطف اندوز ہوتی ہے، زبان لذیذ اور مزیدار کھانوں کو چکھ اور کھا کر لذت محسوس کرتی ہے، اور ہاتھ نرم و نازک اشیاء کو چھو کر لذت یاب ہوتا ہے، ان حواس خمسہ کے علاوہ بسا اوقات دل کی بصیرت بذات خود جذبِ محبت کا باعث ہوتی ہے، جس پر اللہ کے رسول ﷺ کی یہ حدیث دلالت کرتی ہے:

"حُبّب إليَّ الطيب والنساء، وجعلت قرة عيني في الصلاة" ﴿مسند احمد﴾

خوشبو اور عورتوں کی محبت مجھے عطا کی گئی ہے، اور میری آنکھ کی ٹھنڈک نماز میں ہے.

خوشبو اور عورتوں کا تعلق تو عالمِ محسوسات سے ہے لیکن نماز ایک معنوی چیز ہے جس کی محبت حواس خمسہ کی بجائے عقل سلیم اور دل کی بصیرت سے ڈائرکٹ حاصل ہوتی ہے.

محبت اور عشق کے درمیان فرق

قلبی رغبت اور دلی میلان کے لئے ہماری اردو زبان میں دو الفاظ محبت اور عشق کثرت سے استعمال ہوتے ہیں، لیکن ان دونوں کی معنوی حیثیت میں بڑا فرق ہے، قرآن مجید کا مطالعہ کرنے والے بخوبی جانتے ہیں کہ عشق کا لفظ قرآن مجید میں کہیں استعمال نہیں ہوا ہے، اور حدیث رسول کے مجموعے میں بھی اس لفظ کے استعمال کا دور دور تک پتہ نہیں چلتا، ہاں بعض ضعیف اور موضوع روایات کے اندر عشق کا لفظ استعمال ہوا ہے، جو محدثین اور اہل علم کے نزدیک ناقابل اعتبار ہے، جیسے:

"من عشق فعف فمات فهو شهید"

جس نے عشق کیا، پاکدامن رہا پھر مر گیا تو وہ شہید ہے۔

اس حدیث کو امام ابن جوزیؒ نے اپنی کتاب "موضوعات" میں درج کیا ہے، اور لکھا ہے کہ اس کا راوی سوید بن سعید ہے، جس کے متعلق محدثین اور علمائے جرح وتعدیل نے سخت الفاظ استعمال کئے ہیں، اور علامہ ابن القیمؒ فرماتے ہیں:

"ولا یحفظ عن رسول اللهﷺ لفظ العشق فی حدیث صحیح البتة"(زاد المعاد)

اور اللہ کے رسولﷺ کی کسی صحیح حدیث سے عشق کا لفظ ہرگز ثابت نہیں ہے۔

درحقیقت عشق کا لفظ ضرر رساں پہلو کا حامل ہے، اس لئے قرآن وحدیث میں کہیں اس کا استعمال نہیں ہوا ہے، اس لفظ کی تحقیق کرنے پر معلوم ہوتا ہے کہ یہ ایک ایسا لفظ ہے جس کا سرا جنون سے ملتا ہے، چنانچہ اہل قاموس لکھتے ہیں:

" الجنون فنون والعشق من فنه" جنون کی کئی قسمیں ہیں اور عشق اس کی ایک قسم ہے۔

عشق کی اس معنوی حقیقت کی طرف اردو زبان کے مشہور شاعر غالب نے بھی اشارہ کیا ہے:

عشق نے غالب نکما کر دیا ☆ ورنہ ہم بھی آدمی تھے کام کے لفظ عشق کے برعکس محبت کا لفظ قرآن وحدیث میں کثرت سے استعمال ہوا ہے، بطور مثال ذیل میں چند آیات قرآنی اور احادیث نبوی درج کی جاتی ہیں۔

" إن الله يحب المحسنين" ﴿البقرة : ١٩٥﴾ بیشک اللہ تعالی احسان کرنے والوں کو دوست رکھتا ہے۔

"إن الله يحب التوابين" ﴿البقرة: ٢٢٢﴾ بیشک اللہ تعالی توبہ کرنے والوں کو پسند فرماتا ہے۔

"والله يحب الصابرين" ﴿آل عمران: ٤٦﴾ اور اللہ تعالی صبر کرنے والوں کو ہی چاہتا ہے۔

" إن الله يحب المقسطين" ﴿المائدة: ٤٢﴾ یقیناً عدل والوں کے ساتھ اللہ تعالی محبت رکھتا ہے

" إن الله لا يحب المعتدين" ﴿البقرة : ١٩٠﴾ بیشک اللہ تعالی زیادتی کرنے والوں کو پسند نہیں فرماتا۔

" لا يحب الله الجهر بالسوء من القول إلا من ظلم" ﴿النساء: ١٤٨﴾ برائی کے ساتھ آواز بلند کرنے والوں کو اللہ تعالی پسند نہیں فرماتا، مگر مظلوم کو اس کی اجازت ہے۔

" إن الله لا يحب الخائنين" ﴿الأنفال: ٥٨﴾ بیشک اللہ تعالی خیانت کرنے والوں کو پسند نہیں فرماتا۔

''المرء مع من أحبّ'' ﴿البخاری﴾ ہر شخص کا حشر اس شخص کے ساتھ ہوگا جس سے وہ محبت کرتا ہے.

''لایؤمن أحدکم حتّی أکون أحبّ إلیه من والده وولده والناس أجمعین'' ﴿البخاری﴾
تم میں سے کوئی شخص اس وقت تک کامل مومن نہیں بن سکتا جب تک جب تک اسے نبی ﷺ کے ساتھ کہ اسے اپنے ماں باپ، اولاد اور باقی سب لوگوں سے بڑھ کر محبت نہ ہو.

''لاتدخلوا الجنة حتّی تؤمنوا ولاتؤمنوا حتّی تحابّوا'' ﴿مسلم﴾
جب تک ایمان نہیں لاؤ گے تب جنت میں داخل نہیں ہو گے اور جب تک آپس کی محبت نہیں ہوگی تب تک مومن نہیں بنو گے.

''یقول الله عزّ وجلّ یوم القیامة أین المتحابّون لجلالی الیوم أظلّهم فی ظلّی یوم لاظلّ إلاّظلّی'' ﴿مسلم﴾
اللہ کے رسول ﷺ نے فرمایا کہ اللہ تعالی قیامت کے دن فرمائیگا کہ دھر ہیں وہ جن کی باہمی محبت میرے لئے تھی، آج میں ان کو اپنے سائے میں جگہ دونگا جبکہ میرے سائے کے سوا کوئی سایہ نہیں ہے.

''ثلاث من کن فیه وجد بهن حلاوة الإیمان، أن یکون الله ورسوله أحبّ إلیه مماسواهما، وأن یحبّ المرء لایحبّه إلاّ لله ، وأن یکره أن یعود فی الکفر کمایکره أن یقذف النار'' ﴿البخاری﴾
یہ تین چیزیں جس کے اندر ہونگی وہ ایمان کی چاشنی پالیگا، اللہ اور اس کے رسول ﷺ کی محبت اس کے دل میں دنیا ومافیھا سے زیادہ ہو، جس کسی سے بھی محبت ہو تو صرف اللہ کے لئے کی ہو، اور کفر کی طرف لوٹنا اس کو اس طرح ناگوار ہو جس طرح جہنم کی آگ میں ڈالا جانا.

'' من أحبّ سنّتی فقد أحبّنی ومن أحبّنی کان معی فی اجنة'' ﴿ الترمذی﴾
جس نے میری سنت سے محبت کی اس نے مجھ سے محبت کی اور جس نے مجھ سے محبت کی وہ میرے ساتھ جنت میں ہوگا.
محبت دراصل ایک روحانی صفت ہے جو جسم میں روح کے داخل ہونے کے پہلے پہلے روح میں موجود ہوتی ہے،اس حقیقت کی طرف اللہ کے رسول ﷺ کی یہ حدیث اشارہ کرتی ہے

''الأرواح جنود مجندة ماتعارف ائتلف وماتناکر اختلف'' ﴿مسلم﴾
روحیں جتھے دار فوجوں کی طرح ہیں جن کو عالم ارواح میں ایک دوسرے سے معرفت ہوتی ہے دنیا میں آ کر بھی ایک دوسرے سے الفت پکڑتے ہیں اور جن روحوں کو عالم ارواح میں ایک دوسرے سے معرفت نہیں ہوتی دنیا میں آ کر ایک دوسرے سے اختلاف کرتے ہیں.

لہذا! ہمیں کتاب وسنت کی اتباع کرتے ہوئے اپنے دلی میلان اور قلبی رجحان کی تعبیر کے لئے لفظ عشق کے بجائے لفظ محبت کا استعمال کرنا چاہئے، اسی میں ہماری فلاح وبھلائی مضمر ہے.

محبت کے اقسام

طبعی کشش سے جو محبت دل میں پیدا ہوتی ہے، اس کو تین حصوں میں تقسیم کر سکتے ہیں ﴿1﴾ طبعی محبت. ﴿2﴾ عقلی محبت ﴿3﴾ شرعی محبت.

﴿1﴾ طبعی محبت سے مرادوہ فطری محبت ہے جسے ہر شخص اپنی ذات کی بقا اور منفعت کے لئے کرتا ہے یعنی انسان کا پہلا محبوب اس کی اپنی ذات ہے پھر مال واولاد، اہل وعیال اور خویش واقارب. مثال کے ذریعے اس فطری امر کو یوں سمجھا جاسکتا ہے کہ اگر کسی

شخص سے کہا جائے کہ وہ خودقتل ہونے کے لئے تیار ہوجائے ورنہ اس کی جگہ اس کے لڑکے کو قتل کردیا جائیگا تو وہ فطرتاً اپنی جان بچانے کی کوشش کریگا اور اپنی جگہ اپنے لڑکے کو قتل ہونے دیگا، کیوں کہ اس کو اپنی جان اپنے لڑکے کی جان سے زیادہ عزیز ہے، ہاں اس فطری امر کے خلاف بھی دنیا میں ایثار وقربانی کی مثال پیش آتی رہتی ہے، وہ ایک استثنائی شکل ہوتی ہے جو اس عام فطری تقاضے کے خلاف ظہور پزیر ہوتی ہے۔

﴿2﴾ عقلی محبت سے مراد وہ محبت ہے جو کسی پسندیدہ اور محبوب چیز کی خوبی کو دیکھ اور سن کر اس سے منفعت حاصل کرنے کے لئے ہوتی ہے، جیسے محسن کا احسان، کسی حسین وجمیل شخص کا حسن و جمال، اور کسی اہل کمال کا کمال۔

﴿3﴾ شرعی محبت سے مراد وہ محبت ہے جس کو شرع نے مشروع قرار دیا ہو جیسے اللہ اور اس کے رسول ﷺ کی محبت اور حق کی پاسداری اور باطل سے نبرد آزما ہونے کا جذبہ وغیرہ۔

محبت کے اسباب

گرچہ ضمنی طور پر گزشتہ سطور میں محبت کے اسباب کا قدرے بیان ہوچکا ہے، لیکن مزید وضاحت کیلئے ذیل میں محبت کے بنیادی اسباب کا مستقل ذکر کیا جاتا ہے، جو یہ ہیں۔

﴿1﴾ جمال. ﴿2﴾ کمال. ﴿3﴾ احسان.

﴿1﴾ جمال: یہ ایک حقیقت ہے کہ دل فطرتاً ہر خوبصورت چیز کی طرف مائل ہوکر اس سے لطف اندوز ہوتا ہے، اور بسا اوقات اس سے اپنے غموں کا مداوا کرتا ہے، جیسے خوبصورت چہرہ، بلند و بالا قامت، سنہرے بال، لہلہاتے پودے، جاری پانی، کھلتی کلیاں، حسین وجمیل نقش ونگار اور قدرت کے مختلف خوبصورت مناظر۔ یہ ایک ایسی حقیقت ہے جس کا انکار وہی شخص کر سکتا ہے جو اپنی فطرت سلیم، عقل سلیم اور اپنی بصیرت ومعرفت کھو چکا ہو، کیوں کہ یہ چیز ہر شخص بلکہ ہر ذی روح کی فطرت میں داخل ہے، خود اللہ تعالی ہر جمیل چیز کو محبوب رکھتا ہے، چنانچہ اللہ کے رسول ﷺ ارشاد فرماتے ہیں :

" اِنَّ اللہ جَمِیْل یحِبّ الجَمَال" ﴿مسلم﴾ یقیناً اللہ تعالی جمیل ہے اور جمال کو پسند فرماتا ہے۔

﴿2﴾ کمال: کسی ذات یا کسی چیز میں اعلی درجے کی خوبی ہو تو اسے صفت کمالی سے تعبیر کرتے ہیں خواہ یہ صفت ظاہری ہو جیسے غایت درجے کا حسین وجمیل چہرہ اور قدرت کے دیگر مناظر، اور خواہ معنوی ہو جیسے غایت درجے کا علم واخلاق اور قدرت کے تخلیقی شہکاروں کی دیگر ذوات واشیاء۔

یہ معنوی حسن اور وہ بھی کمال درجے کا محبت کی دنیا میں بڑی اہمیت کا حامل ہے ، نبی ، رسول ، عالم دین اور کسی ماہر فن کی محبت دلوں میں ان کی اسی صفت کمالی سے پیدا ہوتی ہے، مسلمان اسی راہ سے اپنے نبی محمد ﷺ کی محبت پر جان چھڑکتے ہیں ، فقہی مذاہب کے افراد اپنے اماموں کی تقلید اور اس میں غلو اسی راہ سے کرتے ہیں ، لاکھوں انسان حاتم طائی کی جود وسخا کی تعریف اس کی اسی صفت کمالی کی وجہ سے کرتے ہیں ، اور ہزاروں انسان شکسپیر، امرء القیس ، متنبّی ، غالب اور اقبال کے اشعار کے شیدا اور فریفتہ اسی راہ سے ہوتے ہیں۔

﴿3﴾ احسان: کہتے ہیں ''الانسان عبد الإحسان''انسان احسان کا غلام ہے. کیوں کہ محسن کی محبت محسن الیہ کے دل میں پیدا ہونا ایک بدیہی امر ہے، کیا دیکھتے نہیں کہ ایک اجنبی آدمی جو کسی دوسرے اجنبی آدمی پر احسان کرتا ہے تو اس اجنبی محسن کی محبت اس کے دل میں جاگزیں ہو جاتی ہے، اور وہ اس کے احسان تلے دبا جاتا ہے، حالانکہ اسکی اس سے کوئی قرابت مندی اور رشتہ داری نہیں ہوتی.

﴿4﴾ روحانی نسبت: کبھی صرف روحانی نسبت ہی دو شخصوں کے درمیان محبت کا باعث بنتی ہے، نہ ان دونوں میں کوئی قرابت ہوتی ہے، نہ کوئی ایک دوسرے کا محسن ہوتا ہے اور نہ ہی جمال وکمال ان کی باہمی محبت کا سبب بنتا ہے، بلکہ وہ روحانی نسبت ان کی محبت کا سبب بنتی ہے، جوان کی روحوں کے درمیان عالم ارواح سے موجود ہوتی ہے.

''الأرواح جنود مجندۃ ماتعارف ائتلف وماتناکر اختلف'' ﴿مسلم﴾

روحیں آپس میں جتھے دار فوجوں کی طرح ہیں جن کو عالم ارواح میں ایک دوسرے سے تعارف ہوتا ہے وہ باہم الفت پکڑتے ہیں، اور جن کو وہاں ایک دوسرے سے تعارف نہیں ہوتا وہ باہم اختلاف کرتے ہیں.

اگر محبت کے یہ جملہ اسباب جمال، کمال، احسان اور روحانی نسبت وغیرہ کسی ایک فرد میں جمع ہو جائیں تو اس فرد کی محبت دلوں میں زیادہ جاگزیں ہوتی ہے، جیسے کوئی شخص غایت درجے کا حسین وجمیل ہے، اس کا علم واخلاق بھی غایت درجے کا ہے اور وہ احسان اور حسن تدبیر کی دولت سے بھی مالا مال ہے، نیز یہ جملہ مذکورہ اسباب وصفات جس شخص میں جس کمال درجے کا ہوگا اسے الفت ومحبت بھی اسی کمال درجے کی ہوگی.

<h2 style="text-align:center">محبت رسول صلی اللہ علیہ وسلم</h2>

شرعی اصول ومبادی اور رموز ونکات پر غور کرنے سے پتہ چلتا ہے کہ آپﷺ سے ایک مومن بندے کی محبت محبت کی تینوں قسموں محبت طبعی، محبت عقلی اور محبت شرعی سے معنون ہے، جس کی وضاحت ذیل میں سلسلہ وار کی جاتی ہے.

﴿1﴾ طبعی محبت: محبت کی سب سے پہلی قسم محبت طبعی ہے جس کے اندر انسان اپنی ذات اور مال واولاد سے محبت کرتا ہے، ایک مومن بندے کی محبت اللہ کے رسولﷺ سے اس اعتبار سے بھی ہو سکتی ہے، کیوں کہ اللہ کے رسولﷺ ساری امت کے روحانی باپ ہیں اور آپﷺ کی ازواج مطہرات مائیں، اس حقیقت کی طرف قرآن مجید کی یہ آیت اشارہ کرتی ہے.

'النبی أولی بالمؤمنین من أنفسھم وأزواجہ أمھاتھم' ﴿الأحزاب: ٦﴾

پیغمبر مومنوں پر خود ان سے بھی زیادہ حق رکھنے والے ہیں، اور پیغمبر کی بیویاں مومنوں کی مائیں ہیں.

﴿2﴾ عقلی محبت: یہ محبت عموماً تین اسباب وصفات جمال، کمال اور احسان کے ذریعے ہوا کرتی ہے، اور یہ تینوں اسباب وصفات آپﷺ کے اندر بدرجۂ اتم موجود تھے.

﴿A﴾ جمال: حسن وجمال کے آپﷺ پیکر تھے، آپﷺ کے اس وصف کو جاننا ہو تو صحابۂ کرام اور آپﷺ کے جانثاروں کے ان جذباتی کلمات کو پڑھیئے جو آپ کی شان میں کہے گئے ہیں، حضرت جابر رضی اللہ تعالی عنہ فرماتے ہیں:

'' کان مثل الشمس والقمر'' ﴿مسلم﴾   آپﷺ آفتاب وماہتاب کی طرح چمکتے دکھتے تھے.

حضرت عائشہ رضی اللہ تعالی عنہا فرماتی ہیں:

لنا شمس وللآفاق شمس ☆ وشمسی خیر من شمس السماء

لأن الشمس تطلع بعد فجر ☆ وشمسی تطلع بعد عشاء

ہمارے لئے ایک سورج ہے اور آسمان کے لئے بھی ایک سورج ہے ، اور ہمارا سورج آسمان کے سورج سے بہتر ہے ، اس لئے کہ آسمان کا سورج فجر کے بعد طلوع ہوتا ہے اور ہمارا سورج عشاء کے بعد طلوع ہوتا ہے .

حضرت انس رضی اللہ تعالیٰ عنہ فرماتے ہیں :

''کان رسول اللہ ﷺ من أحسن الناس خلقا ، ولامسست خزا ولا حریرا ولاشیئاکان ألین من کف رسول اللہ ، ولاشممت مسکا ولاعطرا کان أطیب من عرق النبی'' ﴿مسلم﴾

رسول اللہ ﷺ خوش خلقی میں تمام لوگوں سے بڑھے ہوئے تھے ، میں نے ریشم کا دیبر یا باریک کپڑا یا کوئی دوسری چیز ایسی نہیں چھوئی جو آپ کی ہتھیلی سے زیادہ نرم ہو ، میں نے کبھی کوئی مشک یا کوئی عطر نہیں سونگھا جو آپ کے پسینے سے زیادہ خوشبودار ہو .

حضرت علی رضی اللہ تعالیٰ عنہ فرماتے ہیں :

''من رآہ بدیھۃ ھابہ ومن خالطہ معرفۃ أحبہ یقول ناعتہ لم أرقبلہ ولا بعدہ مثلہ'' ﴿الترمذی﴾

جو کوئی اچانک آپ کے سامنے آ جاتا وہ دب لہ جاتا ، جو پہچان کر پاس آ بیٹھتا وہ گرفتہ ہو جاتا اور دیکھنے والا کہا کرتا کہ میں نے آپ جیسا کوئی اس سے پہلے اور بعد میں نہیں دیکھا .

ایک شخص کا قرض ابوجہل پر تھا ، وہ تقاضا کے لئے اس کے پاس آیا ، لیکن ابوجہل نے دینے سے انکار کر دیا ، وہ بے چارہ مایوس ہو کر آپ ﷺ کی خدمت میں آیا اور شکایت کی ، آپ ﷺ اس کے ساتھ ابوجہل کے گھر گئے ، دروازہ کھٹکھٹایا تو وہ نکلا ، آپ کو دیکھ کر حیران اور مبہوت ہو گیا ، آپ نے اس سے کہا اس بے چارے کی رقم لوٹا دو ، وہ چپ چاپ گھر کے اندر گیا اور رقم لا کر لوٹا دی . ﴿البدایۃ والنھایۃ﴾

حضرت جبریئل علیہ السلام فرماتے ہیں کہ میں نے مشرق اور مغرب کا دورہ کیا لیکن آپ جیسا حسین کسی کو نہیں پایا .

ایک فارسی شاعر نے جبریئل علیہ السلام کے اسی قول کا مفہوم اپنی زبان میں یوں ادا کیا ہے :

آفا قہائے دیدہ ام ☆ مہربتاں ورزیدہ ام

بسیار خوباں دیدہ ام ☆ لیکن تو چیزے دیگری

میں نے دنیا کی سیر کی ہے ، اور بے شمار حسینوں کو دیکھا ہے ، لیکن آپ کا حسن و جمال نرالا ہے ، ہجرت کے موقع پر جب آپ مدینہ منورہ تشریف لائے تو وہاں کے لوگوں نے آپ ﷺ کو بدرِ کامل سے تشبیہ دی ، اور استقبال میں یہ اشعار بھی گنگنائے :

طلع البدر علینا ☆ من ثنیات الوداع

وجب الشکر علینا ☆ ما دعا للہ داع

أیھا المبعوث فینا ☆ جئت بالأمر المطاع

ثنیات الوداع کی گھاٹی سے ہم پر چودہویں رات کا چاند نمودار ہوا ہم پر ان کا شکر بجالانا واجب ہو گیا جو اللہ کی طرف بلانے تشریف لائے ہیں ، اے ہمارے درمیان اللہ کے فرستادہ رسول ﷺ آپ قابلِ بندگی امر لیکر آئے ہیں .

شاعر رسول حضرت حسان بن ثابت رضی اللہ تعالیٰ عنہ فرماتے ہیں .

وأجمل منک لم تر قط عینا ☆ وأحسن منک لم تلد النساء

اور آپ سے زیادہ جمیل کسی آنکھ نے نہیں دیکھا، اور آپ سے زیادہ حسین عورتوں نے نہیں جنا.
حضرت انس رضی اللہ تعالیٰ عنہ فرماتے ہیں :

"كان رسول الله ﷺ أزهر اللون وكان عرقه اللؤلؤ" ﴿مسلم﴾

رسول اللہ ﷺ کا رنگ سفید روشن تھا، اور آپ کے پسینے کی بوندیں موتی جیسے نظر آتی تھی.

ام سلیم رضی اللہ تعالیٰ عنہا آپ ﷺ کے پسینے کی بوندوں کو جمع کر لیتیں اور احتیاط سے شیشی میں رکھ لیتیں، آپ ﷺ نے ان کو ایسا کرتے دیکھا تو پوچھا اس پر انہوں نے جواب دیا.

"عرقك نجعله في طيبنا وهو من أطيب الطيب" ﴿البخاری﴾

یہ آپ ﷺ کا پسینہ ہے، اسے ہم اپنی خوشبو میں ملائیں گے اور یہ تو سب خوشبوؤں سے بڑھ کر خوشبو ہے.
حضرت جابر رضی اللہ تعالیٰ عنہ بیان کرتے ہیں کہ چاندنی رات تھی اور آپ ﷺ سرخ جوڑا زیب تن کیئے ہوئے لیٹے رہے تھے، کبھی میں آپ ﷺ کو دیکھتا اور کبھی چاند کو.

"فإذا هو أحسن عندي من القمر" ﴿الترمذی﴾

بالآخر میں نے یہی فیصلہ کیا کہ آپ ﷺ چاند سے زیادہ خوبصورت ہیں.

﴿B﴾ کمال: صفت کمالی کی وہ کون سی خوبی نہ تھی جو آپ ﷺ میں بدرجۂ اُتم موجود نہ تھی، جود وسخاہو یا عفو ودرگزر، شفقت ورحمت ہو یا عدل وانصاف، شجاعت وبہادری ہو یا حلم وبردباری، اور شرم وحیا ہو یا جرأت ودلیری غرضیکہ آپ ﷺ جملہ صفات کمالیہ کے پیکر تھے.

حسنِ یوسف، دمِ عیسیٰ، یدِ بیضا داری ☆ آنچہ خوباں ہمہ دارند تو تنہا داری

آپ ﷺ کے حسنِ اخلاق کی خود اللہ تعالیٰ نے گواہی دی ہے.
"و إنك لعلى خلق عظيم" ﴿القلم: ۴﴾ یقیناً آپ ﷺ بڑے اخلاق پر فائز ہیں.

آپ ﷺ کی دیگر صفات کمالیہ کے بارے میں آپ کی زوجہ محترمہ حضرت خدیجہ رضی اللہ تعالیٰ عنہا فرماتی ہیں:
"إنك تصل الرحم وتحمل الكل وتكسب المعدوم وتقرئ الضيف وتعين على نوائب الحق" ﴿البخاری﴾
بیشک آپ رشتہ داروں سے اچھا سلوک کرتے ہیں، مفلوک الحالوں کو سہارا دیتے ہیں، بے کسوں کا مالی تعاون فرماتے ہیں، مہمانوں کی خدمت کرتے ہیں اور مصیبت زدوں کی مدد کرتے ہیں.

اگر کسی بیوی نے کسی شوہر کی تعریف کر دی تو سمجھو کہ اس سے بڑھ کر کوئی تعریف نہیں ہے، اور اس نے شوہر کی جس خوبی کی تعریف کی سمجھو کہ وہ خوبی اس کے اندر اس درجے کی ہے کہ اس کو اس کے انکار کا یارا نہ رہا، کیوں کہ شوہر کی ناشکری کرنا عورت کی فطرت ثانیہ ہے، اس موقع پر اللہ کے رسول ﷺ کی وہ حدیث یاد آتی ہے جس میں عورتوں کے ناقصاتِ عقل ودین ہونے کے ساتھ ساتھ شوہروں کی ناشکری کرنے کا بھی ذکر ہے، چنانچہ آپ ﷺ ارشاد فرماتے ہیں.

"يا معشر النساء تصدقن فإني أريتكن أكثر أهل النار" فقلن وبم يا رسول الله ؟ قال: "تكثرن اللعن وتكفرن العشير ، ما رأيت من ناقصات عقل ودين أذهب للب الرجل الحازم من إحداكن" قلن وما نقصان ديننا وعقلنا يا رسول الله ؟ قال: " أليس شهادة المرأة مثل نصف الرجل ؟" قلن : بلى ، قال : " فذلك من نقصان

عقلها ، أليس إذا حاضت لم تصل و لم تصم ؟ '' قلن : بلی ، قال : فذلک من نقصان دينها''﴿البخاری﴾

اے عورتوں کی جماعت صدقہ کرو! مجھے دکھایا گیا ہے کہ جہنمیوں کی اکثریت تم عورتوں پر مشتمل ہے، تو ہم نے کہا ایسا کیوں اے اللہ کے رسولﷺ ؟ تو آپ نے فرمایا تم کثرت سے لعن طعن کرتی ہو اور اپنے شوہروں کی ناشکری کرتی ہو، پھر آپﷺ نے ارشاد فرمایا: تم جیسی ناقصاتِ عقل و دین میں نے نہیں دیکھا کہ تم میں سے ایک عقلمند سے عقلمند مرد کا دماغ کھا جاتی ہے ، ہم نے کہا اے اللہ کے رسولﷺ ہمارے دین و عقل کا نقصان کیا ہے؟ تو آپﷺ نے جواب دیا، کیا عورت کی گواہی مرد کی گواہی کے نصف کے برابر نہیں ہے؟ ہم نے کہا کیوں نہیں بلکہ ایسا ہی ہے ، تو آپﷺ نے فرمایا یہ عورتوں کے عقل کا نقصان ہے، پھر آپﷺ نے فرمایا کیا ایسا نہیں ہے کہ جب تم حیض سے ہوتی ہو تو نماز نہیں پڑھتی اور روزہ نہیں رکھتی ہو، تو ہم نے کہا کیوں نہیں بلکہ ایسا ہی ہے ،تو آپﷺ نے فرمایا یہ عورتوں کے دین کا نقصان ہے .

خادم رسول حضرت انس رضی اللہ تعالی عنہ فرماتے ہیں :
'' میں دس سال تک آپﷺ کی خدمت کرتا رہا، لیکن آپﷺ نے مجھے یہ نہیں کہا کہ تم نے یہ کام کیوں کیا یا تم نے یہ کام کیوں نہیں کیا ؟ ﴿البخاری﴾

حضرت انس رضی اللہ تعالی عنہ ہی فرماتے ہیں :
'' کوہِ تنعیم سے اسّی افراد آپﷺ کے قتل کا ارادہ کر کے آئے ، اور اپنے اس کام کے لئے اس صبح کے وقت کا انتخاب کیا، وہ آئے اور پکڑے گئے ، آپﷺ نے سبھوں کو معاف کر دیا'' ﴿مسلم﴾

حضرت جابر رضی اللہ تعالی فرماتے ہیں :
'' ماسئل رسول الله ﷺ شيئا قط فقال : لا'' ﴿البخاری﴾

آپﷺ نے کبھی بھی کسی سوال کے جواب میں '' لا'' یعنی نہیں سے جواب نہیں دیا.
جنگ حنین میں دشمنوں نے اس کثرت سے تیروں کی بارش کی کہ مسلمانوں کی بارہ ہزار فوج میدان کارزار سے پیچھے ہٹ گئی، لیکن آپﷺ تن تنہا میدان کارزار میں ڈٹے رہے، اور یہ الفاظ آپﷺ کے زبان پر جاری ہو گئے .
أنا النبي لا كذب   ☆   أنا ابن عبد المطلب
میں نبی ہوں جھوٹا نہیں ہوں ، خاندان عبدالمطلب کا شہسوار ہوں .
آپﷺ کی صفات کمالیہ کے یہ صرف چند نمونے کتاب و سنت سے پیش کئے گئے ہیں ، ورنہ آپﷺ تو حکمت و معرفت ، ذکر و فکر، فہم و تدبر ،صبر و تحمل ،صدق و صفا تسلیم و رضا، عجز و انکساری ،اور الفت و محبت صفاتِ ستودہ اور خصال محمودہ کی بولتی تصویر تھے .

﴿C﴾ احسان: احسان کا لفظ حسن سے ماخوذ ہے، جس کے معنی بھلائی کرنا اور کسی کام کو اچھے طریقے سے ادا کرنا ہے، اللہ تعالی کا ارشاد ہے.

'' الذی أحسن كل شيئ خلقه'' ﴿السجدۃ: ۷﴾
جس نے نہایت خوب بنائی جو چیز بھی بنائی
احسان کی بے شمار صورتیں ہیں جن کا احاطہ کرنا مشکل ہے، لیکن اس کی ایک عام شکل یہ بن سکتی ہے کہ ہر وہ نیک کام جو دوسرے کو آرام پہنچائے اور اس سے اس کا دل خوش ہو وہ احسان ہے .

احسان کے اس وسیع معنے پر اللہ کے رسول ﷺ کی یہ حدیث بخوبی دلالت کرتی ہے:

"إن الله تبارك وتعالى كتب الإحسان على كل شيئى فإذاذبحتم فأحسنوا الذبح وإذاقتلتم فأحسنوا القتلة وليحدّ أحدكم شفرته وليرح ذبيحته" ﴿ مسلم﴾

بیشک اللہ تعالیٰ نے ہر چیز پر احسان کرنا فرض کیا ہے تو اگر تمہیں شریعت کے مطابق کسی کو قتل کرنے کی ضرورت پڑے تو اچھی طرح قتل کرو، اور اگر کسی جانور کو ذبح کرنا ہو تو بھی اچھی طرح ذبح کرو، اپنی چھری کو اچھی طرح تیز کرلو اور ذبیحہ کو آرام پہونچاؤ! ایک مرتبہ ایک دیہاتی آپ کی خدمت میں آیا، اور زور سے آپ کی چادر کو کھینچد یا، جس سے آپ کی گردن پر نشان پڑ گیا، پھر وہ دیہاتی بولا اے محمد ﷺ! میں یہ دو اونٹ لایا ہوں، دونوں کی لاد کا سامان دیدو، کیوں کہ جو مال تیرے پاس ہے، نہ تمہارا ہے اور نہ تمہارے باپ کا، آپ ﷺ تھوڑی دیر خاموش رہے اور فرمایا، مال تو اللہ تعالیٰ کا ہے اور میں اس کا بندہ ہوں پھر آپ نے اس سے پوچھا جو حرکت تم نے ابھی میرے ساتھ کی ہے، کیا تم اس سے ڈرتے نہیں، دیہاتی بولا نہیں، آپ ﷺ نے پوچھا کیوں؟ دیہاتی نے کہا مجھے معلوم ہے تم برائی کا بدلہ برائی سے نہیں دیتے، اس پر اللہ کے رسول ﷺ ہنس دیئے، اور حکم دیا کہ ایک اونٹ کے بوجھ کے جو اور دوسرے اونٹ کے بوجھ کی کھجوریں دی جائیں. ﴿البخاری و مسلم﴾

ایک شخص گرفتار کر کے آپ ﷺ کی خدمت میں پیش کیا گیا اور کہا گیا کہ یہ شخص آپ کے قتل کا ارادہ رکھتا ہے، آپ نے اسے تسلی دی اور فرمایا تم اس الزام سے نہ ڈرو! اور جان لو کہ اگر تمہارا ارادہ میرے قتل کا ہے تو تم مجھے قتل نہ کرسکو گے . ﴿مسند احمد﴾ نجاشی کا وفد آپ ﷺ کی خدمت میں آیا تو آپ ﷺ نے بنفس نفیس ان کے آرام و آسائش کا اہتمام کیا، صحابہ نے عرض کیا اللہ کے رسول ﷺ ہم ان کی خدمت کے لئے حاضر ہیں تو آپ ﷺ نے فرمایا:

"إنهم كانوا لأصحابنا مكرمين وإنى أحب أن أكافيهم" ﴿البيهقی﴾

ان لوگوں نے ہمارے ساتھیوں کی اپنے ملک میں بڑی عزت کی تھی، اور میں چاہتا ہوں کہ میں خود ہی ان کی ضرورت پوری کر کے ان کا بدلہ چکاؤں، سچ ہے

"و أحسن كما أحسن الله إليك" ﴿القصص: 77﴾

''اور جیسا کہ اللہ تعالیٰ نے تیرے ساتھ احسان کیا ہے تو بھی احسان کر''

غرضیکہ عقلی محبت کے تینوں بنیادی اسباب جمال، کمال اور احسان کی کوئی ایسی شکل نہیں ہوسکتی جو آپ ﷺ کے اندر بدرجۂ اتم موجود نہ تھی.

پند و نصیحت کے امام شیخ سعدیؒ نے آپ ﷺ کی ان صفات کو اپنے ان چند الفاظ میں یوں بند کیا ہے.

بلغ العلى بكماله ☆ كشف الدجىٰ بجماله

حسنت جميع خصاله ☆ صلوا عليه وآله

آپ اپنی صفت کمالی سے بلندیوں کو پہونچ گئے، اپنے حسن و جمال سے تاریکیوں کو دور کردیا اور آپ کی تمام خوبیاں پاکیزہ تھیں، لہذا! آپ پر اور آپ کی آل و اولاد پر درود و سلام ہو!

اور شاعر توحید مولانا حالیؒ فرماتے ہیں:

وہ نبیوں میں رحمت لقب پانے والا ☆ مرادیں غریبوں کی بر لانے والا وہ مصیبت میں غیروں کے کام آنے والا ☆ وہ اپنے پرائے کا غم کھانے والا

فقیروں کا ملجا ضعیفوں کا ماوی

یتیموں کا والی غلاموں کا مولی

خطا کار سے درگزر کرنے والا ☆ بد اندیش کے دل میں گھر کرنے والا

مفاسد کا زیرو زبر کرنے والا ☆ قبائل کو شیر و شکر کرنے والا اتر کر حرا سے سوئے قوم آیا

اور اک نسخۂ کیمیا ساتھ لایا

﴿3﴾ شرعی محبت : شرعی محبت یہ ہے کہ اللہ اور اس کے رسولﷺ کی محبت دنیا کی تمام شخصیتوں اور چیزوں سے زیادہ ہو، اور اس راہ میں ایک محبّت ہر طرح کی جانی اور مالی قربانی دینے کے لیئے ہمہ وقت تیار رہے، اور اس قربانی کو اپنے لیئے انتہائی کمال اور شرف سمجھے، اس حقیقت کو ذیل کی آیت قرآنی اور حدیث رسول میں اس طرح واضح کیا گیا ہے :

" قل إن كان أباؤكم وأبناؤكم وإخوانكم وأزواجكم وعشيرتكم وأموالا اقترفتموها وتجارة تخشون كسادها ومساكن ترضونها أحب إليكم من الله ورسوله وجهاد في سبيله فتربصوا حتى يأتي الله بأمره والله لا يهدي القوم الفاسقين " ﴿ التوبة: ٢٤﴾

آپ ﷺ کہہ دیجئے کہ اگر تمہارے باپ اور تمہارے لڑکے اور تمہارے بھائی اور تمہاری بیویاں اور تمہارے کنبے اور تمہارے کمائے ہوئے مال اور وہ تجارت جسکی کمی سے تم ڈرتے ہو اور وہ حویلیاں جنہیں تم پسند کرتے ہو ، اگر یہ تمہیں اللہ تعالی سے اور اس کے رسولﷺ سے اور اس کی راہ میں جہاد سے بھی زیادہ عزیز ہیں تو تم انتظار کرو کہ اللہ تعالی اپنا عذاب لے آئے ، اور اللہ تعالی فاسقوں کو ہدایت نہیں دیتا۔

اور اللہ کے رسول ارشاد فرماتے ہیں :

"لا يؤمن أحدكم حتّى أكون أحبّ إليه من والده وولده والناس أجمعين" ﴿البخاری ومسلم﴾

کوئی شخص تم میں سے اس وقت تک کامل مومن نہیں بن سکتا جب تک اسے رسول اللہﷺ کے ساتھ ماں باپ ، اولاد اور تمام لوگوں سے بڑھ کر محبت نہ ہو جائے ۔

انسانی فطرت کا بغور مطالعہ کیجئے تو معلوم ہوگا کہ مذکورہ آیت اور روایت میں جن شخصوں اور چیزوں کی محبت کا ذکر کیا گیا ہے ان کی محبت کا دلوں میں جاگزیں ہونا ایک فطری امر ہے، اسی لئے فطرت انسانی کے خلاق نے انسانی فطرت سے مذکورہ شخصوں اور چیزوں کی محبت کی نہی یا نفی نہیں کی ہے ، بلکہ مطالبہ صرف یہ ہے کہ ان شخصوں اور چیزوں کی محبت پر اللہ اور اس کے رسول کی محبت کو غالب کرو اور اس راہ کی ہر قربانی کو دل و جان سے عزیز سے جانو۔

اللہ اور اس کے رسول کے اس مطالبے پر قرنِ اول کے مسلمانوں نے کس مثالی محبت کا ثبوت دیا اس کا ایک ہلکا عکس ذیل کی چند مثالوں سے بخوبی واضح ہوتا ہے۔

حضرت عمر رضی اللہ تعالی عنہ آپﷺ کے ساتھ تشریف لے جا رہے تھے اور ان کا ہاتھ آپﷺ کے ہاتھ میں تھا ﴿یہ الفت ومحبت کی ایک ظاہری علامت ہوتی ہے ﴾ وہ کہنے لگے اے اللہ کے رسولﷺ آپ میری جان کے سوا ہر چیز سے عزیز ہیں ، آپﷺ نے فرمایا اے عمر! تم میں سے کوئی شخص اس وقت تک مومن نہیں ہوسکتا جب تک وہ مجھے اپنی جان سے زیادہ محبوب نہ بنا لے ، اس پر حضرت عمر نے فرمایا اب آپ مجھے اپنی جان سے بھی زیادہ عزیز ہیں تو آپﷺ نے فرمایا اے عمر اب تم کامل مومن ہو گئے ۔ ﴿البخاری﴾

جنگ احد کے موقع پر ایک صحابیہ خاتون اپنے قرابت داروں کے احوال معلوم کرنے کے لئے میدان کار زار کی طرف نکلیں کسی نے بتایا تیرے شوہر، بھائی اور بیٹے سب شہید ہوگئے ،

یہ خبر سن کر اس نے پوچھا وہ اللہ کے رسول کیسے ہیں؟ لوگوں نے بتایا وہ زندہ سلامت ہیں، اس نے کہا نہیں مجھے دکھا دو، آپﷺ کو دیکھتے ہی وہ اپنے دل کی گہرائیوں سے بول اٹھی :

" كل مصيبة بعدك جلل" ﴿ الزرقانی﴾

جب آپ زندہ سلامت ہیں تو ہر مصیبت کا جھیلنا آسان ہے۔

قریش مکہ زید بن دثنہ رضی اللہ تعالی عنہ کو سولی دینے چلے ، ابوسفیان نے کہا خدا کی قسم تم چاہتے ہو تمہاری جگہ محمدﷺ کو پھانسی

دیدی جائے اور تم گھر میں آرام سے بیٹھے رہو، زید نے کہا خدا کی قسم میں تو یہ بھی نہیں چاہتا کہ میری رہائی کہ محمدﷺ کے بدلے محمدﷺ کے پاؤں میں کوئی کانٹا بھی چبھے .

علاماتِ محبت

ایک مُحِب اپنے محبوب سے کس قدر الفت و محبت رکھتا ہے اس کا اظہار اس کے حرکات و سکنات سے ہونے لگتا ہے اور اس کی علامات اس کے افعال و اعمال سے ظاہر ہونے لگتی ہیں ، ذیل میں بعض علامات محبت کا ذکر کیا جاتا ہے تا کہ اس کی روشنی میں ہم اپنی محبت رسولﷺ کا جائزہ لے سکیں .

﴿1﴾ ادب و احترام : محبت ایک مُحِب کو سب سے پہلے اپنے محبوب کی قدر و منزلت اور ادب و احترام سکھلاتی ہے ، کیوں کہ ادب و احترام محبت کا پہلا قرینہ ہے :

خموش اے دل ! بھری محفل میں چلانا نہیں اچھا

ادب پہلا قرینہ ہے محبت کے قرینوں میں

نبیﷺ کے ساتھ صحابہؓ کرام کے ادب و احترام کا حال یہ تھا کہ کوئی صحابی آپﷺ کے سامنے ایسی اونچی آواز سے بات نہیں کرتا جو آپ کی آواز سے بلند ہو اس ادب و احترام کی تعلیم انہیں خود اللہ تعالی نے دی تھی .

'یٰأیھا الذین اٰمنوا لاترفعوا أصواتکم فوق صوت النبی ولاتجھروا لہ بالقول کجھر بعضکم لبعض أن تحبط اعمالکم وأنتم لاتشعرون' ﴿ الحجرات : ۲ ﴾

اے ایمان والو! اپنی آواز نبی کی آواز سے اونچی نہ کرو اور نہ ان سے اونچی آواز سے بات کرو جیسے آپس میں ایک دوسرے سے بات کرتے ہو ، کہیں ایسا نہ ہو کہ تمہارے اعمال اکارت جائیں اور تمہیں اس کی خبر بھی نہ ہو .

اب آپﷺ کے اس دنیا سے جانے کے بعد آپ کے کلام اور آپ کے فرمودات کے مجموعے موجود ہیں ، آپ کی کسی حدیث پر اپنی رائے کو فوقیت دینا ، قیل قال کرنا اور اس کی تاویل کرنا آپ کی بے ادبی اور آپ کی بے حرمتی ہوگی .

﴿2﴾ ذکرِ خیر : محبت کی علامتوں میں سے ایک علامت یہ ہے کہ محب اپنے محبوب کو کثرت سے یاد کرتا ہے ، مروی ہے :

'' من أحب شیئا أکثر ذکرہ '' ﴿ الزرقانی ﴾

جس کو جو چیز پیاری ہوتی ہے وہ اس کا کثرت سے ذکر کرتا ہے .

لہذا اگر ہمیں آپﷺ سے محبت ہے تو ہمیں آپﷺ کا کثرت سے ذکر کرنا چاہئے .

﴿3﴾ محبوب کی آل و اولاد سے محبت : محب فطری طور پر اپنے محبوب کی آل و اولاد اور خویش و اقارب سے محبت کرنے لگتا ہے ، کیوں کہ سچا محب وہی ہے جو اپنے محبوب کی ہر محبوب چیز کو پسند کرے ، لہذا محبت رسول کا تقاضا ہے کہ آپ کی آل و اولاد سے محبت کی جائے ، چنانچہ امام حسن رضی اللہ تعالی عنہ کے بارے میں اللہ کے رسولﷺ کا ارشاد ہے :

'' اللھم إنی أحبہ فأحبہ وأحب من یحبہ '' ﴿ البخاری و مسلم ﴾

اے اللہ میں اس سے محبت رکھتا ہوں تو تُو بھی اس سے محبوب رکھ اور میں ہر اس شخص سے محبت رکھتا ہوں جو کوئی اس سے محبت رکھتا ہے .

'' أذکرکم اللہ فی أھل بیتی ، أذکرکم اللہ فی أھل بیتی '' ﴿ مسلم ﴾

اپنے اہل و عیال کے بارے میں اللہ کے واسطے تمہیں نصیحت کرتا ہوں . اپنے اہل و عیال کے بارے میں اللہ کے واسطے تمہیں

نصیحت کرتا ہوں.

﴿4﴾ محبوب کے احباب و متعلقین سے محبت : ایک محبّ اپنے محبوب کے احباب و متعلقین سے بھی محبت کرنے لگتا ہے، اس لئے ہمیں بھی آپﷺ کے احباب و انصار سے محبت رکھنی چاہئے، اللہ کے رسولﷺ ارشاد فرماتے ہیں :

" أكرموا أصحابى فإنهم خياركم ثم الذين يلونهم ثم الذين يلونهم" ﴿النسائی﴾

میرے اصحاب و احباب کی تعظیم و توقیر کرو اس لئے کہ وہ تم میں بہتر ہیں اور پھر جوان کے بعد آئیں گے اور پھر جوان کے بعد آئیں گے.

" الأنصار لا يحبهم إلا مؤمن ولا يبغضهم إلا منافق فمن أحبهم أحبه الله ومن أبغضهم أبغضهم الله" ﴿البخاری ومسلم﴾

انصار سے مومن ہی محبت رکھتے ہیں اور ان سے منافق ہی بغض رکھتے ہیں تو جس نے ان سے محبت رکھی اللہ اسے محبوب رکھے، اور جس نے ان سے بغض رکھا وہ اللہ کے نزدیک مبغوض ہے.

اسی نصیحت اور محبت رسول کا اثر تھا کہ جب حضرت عمر فاروق رضی اللہ تعالی عنہ اپنے دور خلافت میں لوگوں کے روز ینے مقرر کرنے لگے تو محبوب رسول حضرت اسامہ بن زید رضی اللہ تعالی عنہ کا تین ہزار پانچ سو درہم اور اپنے بیٹے عبداللہ کا صرف تین ہزار درہم مقرر کیا، بیٹے نے باپ سے عرض کیا آخر اسامہ کو مجھ پر کون سی فضیلت حاصل ہے؟ اس پر عمر فاروق رضی اللہ تعالی عنہ نے فرمایا اسکے باپ تیرے باپ سے اور وہ خود تجھ سے اللہ کے رسول کو زیادہ محبوب تھے، اس لئے میں نے اپنے محبوب کو محبوب خدا کے محبوب پر ترجیح دی ہے. ﴿رحمۃ للعالمین. ج ۲﴾

﴿5﴾ محبوب کی اطاعت : محبت کی سب سے اہم اور بنیادی علامت محبوب کی اطاعت و فرمابرداری اور اس کے قول و قرار کا پاس ہے، لہذا محبت رسول کی اصل علامت اتباع رسول ہوئی جو ہر مومن بندے پر فرض ہے، اس کی اہمیت کے پیش نظر "محبت رسول کا معیار" کے عنوان سے آئندہ سطور میں الگ سے روشنی ڈالی جاتی ہے.

محبت رسول کا معیار

محبت اتباع و اطاعت کا دوسرا نام ہے، اگر کوئی شخص کسی کی محبت کا دم بھرے اور اس کی باتوں کا لحاظ و خیال نہ کرے، اس کی خواہشوں اور تمناؤں کو پوری نہ کرے تو وہ اپنی محبت میں جھوٹا ہے، کیوں کہ دنیائے محبت میں ہر محبّ اپنے محبوب کی ہر آواز پر لبیک اور اس کی ہر طلب پر جان و مال کی قربانی دینے کے لئے ہمہ وقت تیار رہتا ہے.

علی بن محمد بن أبی العز الحنفی اپنی کتاب " شرح العقیدۃ الطحاویۃ" میں لکھتے ہیں :

" إن المحب يحب مايحب محبوبه"

یقیناً محبّ اپنے محبوب کی محبوب چیزوں کو محبوب رکھتا ہے.

اور امام شافعیؒ فرماتے ہیں :

تعصی الرسول وأنت تظهر حبه ☆ هذالعمری فی الزمان بدیع

لو کان حبک صادقا لأطعته ☆ إن المحب لمن يحب مطيع

رسول کی نافرمانی کرتے ہو پھر بھی ان کی محبت کا دم بھرتے ہو، میری زندگی کی قسم یہ زمانے میں عجیب و غریب بات ہے، اگر تیری

محبت سچی ہوتی تو تم ان کی اطاعت کرتے اس لئے کہ محب اپنے محبوب کا فرمانبردار ہوتا ہے .

اللہ تعالی نے خود ہی محبت رسول کا معیار اتباع رسول ہی قرار دیا ہے :

" قل إن كنتم تحبون الله فاتبعونى يحببكم الله ويغفر لكم ذنوبكم والله غفور رحيم" ﴿ آل عمران : ٣١ ﴾

اے نبی ﷺ کہہ دیجئے ! اگر تم اللہ تعالی سے محبت رکھتے ہو تو میری پیروی کرو ، خود اللہ تعالی تم سے محبت کرے گا اور تمہارے گناہ معاف فرما دے گا اور اللہ تعالی بڑا بخشنے والا اور مہربان ہے .

صحابۂ کرام رضوان اللہ علیہم نے محبت کا یہی معنی سمجھا اور اس پر بھر پور عمل کیا ، وہ بخوبی جانتے تھے کہ صرف ایمائے لفظی سے محبت کا حق ادا نہیں ہوتا بلکہ محبوب کی تعظیم و تکریم اور تعظیم و تکریم کا منشا اتباع واطاعت ہے .

صلح حدیبیہ کے موقع پر مکہ والوں نے اپنا سفیر عروہ بن مسعود ثقفی کو بنا کر آپ ﷺ کی خدمت میں بھیجا ، اسے تاکید کی گئی کہ محمد ﷺ کے ماننے والوں کے حالات وکوائف کا بغور مطالعہ کرنا اور پھر آ کر بتانا ، سفیر مکہ نے اپنی حکومت کے حکم کی تعمیل کی اور واپسی پر اپنا چشم دید بیان ان الفاظ میں دیا :

" والله لقد وفدت على الملوك ووفدت على قيصر وكسرى والنجاشى ، والله أن رأيت ملكا يعظمه أصحابه مايعظم أصحاب محمد محمدا ، والله أن تنخم نخامة إلا وقعت فى كف رجل منهم فدلك بها وجهه وجلده ، وإذا أمرهم ابتدروا أمره وإذا توضأكادوا يقتلون على وضوئه وإذا تكلم خفضوا أصواتهم عنده ويحدون إليه النظر تعظيما له" ﴿ البخارى ﴾

خدا کی قسم میں نے بادشاہوں کا دربار دیکھا ، قیصر و کسری اور نجاشی کا دربار دیکھا ، خدا کی قسم میں نے کسی کو کسی بادشاہ کی تعظیم کرتے ہوئے اس طرح نہیں دیکھا جس طرح اصحاب محمد ﷺ کی تعظیم کرتے ہیں ، خدا کی قسم ان کے اصحاب ان کے لعاب دہن کو زمین پر نہیں گرنے دیتے وہ کسی نہ کسی کے ہاتھ میں روک لیا جاتا ہے جسے وہ اپنے منہ اور جلد پر مل لیتے ہیں ، وہ حکم کرتے ہیں تو سب تعمیل کے لئے دوڑ پڑتے ہیں ، وہ وضو کرتے ہیں تو ان کے اصحاب وضو کے پانی پر یوں گرتے ہیں گویا لڑ پڑیں گے اور جب وہ بات کرتے ہیں تو سب خاموش ہو جاتے ہیں ، ان کی تعظیم کا یہ حال ہے کہ ان کی جانب نظر تک اٹھا کر نہیں دیکھتے .

نبی ﷺ کے لئے صحابۂ کرام کی اس تعظیم و تکریم ، اتباع واطاعت اور جانثاری کا بیان کرنے والا ایک ایک کا فر دشمن اسلام ہے ، جو دشمنانِ اسلام کے سامنے بیان کر رہا ہے ، یقیناً صحابہ کی محبت رسول اللہ ﷺ کے ساتھ اس سے بڑھ چڑھ کر تھی ، کیوں کہ دشمن اپنے کسی دشمن کی حقیقت کا اعتراف کر بھی لے تو کوئی نہ کوئی گوشہ اس کی نظر سے اوجھل رہ جاتا ہے ، اس لئے کہ ایک دشمن دشمن کی حقیقت کو دشمنی کی آنکھ سے دیکھتا ہے جس میں دشمن کی پوری حقیقت سا نہیں سکتی ، یہی انسانی فطرت ہے ، اسے کوئی انکار نہیں ہو سکتا .

بہرصورت ! محبت رسول کا مطلب اتباع رسول ہے لہذا جب کوئی صحیح حکم آپ ﷺ کے ارشادات سے ہمیں مل جائے تو اس کو قبول کرنا ضروری ہے ، اس کی تعمیل میں تامل کرنا ، اسکی قبولیت میں قیل وقال کرنا اور اس کی تاویل کرکے اپنی رائے کو مقدم کرنا ہمارے ایمان کے لئے زبردست خطرہ ہے .

☆ مت دیکھ کسی کا قول وکردار   ہوتے ہوئے مصطفیٰ کی گفتار

وفاتِ رسول کے بعد محبتِ رسول کا معیار

آپﷺ کے وصال کے بعد آپﷺ سے ڈائرکٹ استفادے اور اختلاف کی شکل میں آپ کی طرف رجوع کرنے کا سلسلہ کٹ گیا، لیکن آپﷺ کے کلام اور فرمودات کا ذخیرہ موجود ہے، لہذا اب قرآن مجید کے بعد وہی ہمارے استفادے اور رجوع کا ذریعہ رہ گیا ہے، اگر کوئی مسئلہ درپیش ہو یا کسی مسئلے میں اختلاف ہوجائے تو قرآن کے بعد اسی کو فیصل مانا جائے، آپ کے صحبت یافتہ ساتھیوں کا یہی طریقہ تھا، چنانچہ آپﷺ کی وفات کے بعد بعض صحابۂ کرام آپﷺ کی وفات کے سلسلے میں مترددہوئے تو حضرت ابوبکر صدیق رضی اللہ تعالی عنہ مسجد نبوی میں تشریف لائے اور صحابہ سے خطاب فرمایا:

"أَلَا مَنْ كَانَ يَعْبُدُ مُحَمَّدًا فَإِنَّ مُحَمَّدًاﷺ قَدْ مَاتَ ، وَمَنْ كَانَ يَعْبُدُ اللَّهَ فَإِنَّ اللَّهَ حَيٌّ لَا يَمُوتُ ، وَقَالَ: "إِنَّكَ مَيِّتٌ وَإِنَّهُمْ مَيِّتُونَ " ﴿الزمر: ۳۰﴾ وَقَالَ:" وَمَا مُحَمَّدٌ إِلَّا رَسُولٌ قَدْ خَلَتْ مِنْ قَبْلِهِ الرُّسُلُ أَفَإِنْ مَاتَ أَوْ قُتِلَ انْقَلَبْتُمْ عَلَى أَعْقَابِكُمْ ، وَمَنْ يَنْقَلِبْ عَلَى عَقِبَيْهِ فَلَنْ يَضُرَّ اللَّهَ شَيْئًا، وَسَيَجْزِي اللَّهُ الشَّاكِرِينَ " ﴿ال عمران : ۱۴۴﴾ ﴿البخاری﴾

سن لو! جو محمدﷺ کی پرستش کرتا تھا تو وہ سن کر چلے ، اور جو اللہ تعالی کی پرستش کرتا تھا تو اللہ تعالی زندہ ہے اور اسے کبھی موت نہیں آئیگی، پھر ابوبکرؓ نے سورۂ زمر کی یہ آیت پڑھی "یقیناً آپﷺ کو بھی موت آئیگی اور یہ سب بھی مرنے والے ہیں'' اور پھر سورۂ آل عمران کی یہ آیت تلاوت کی "اور حضرت محمدﷺ صرف رسول ہی ہیں، ان سے پہلے بہت سے رسول گزر چکے ہیں، کیا اگر ان کا انتقال ہوجائے یا شہید ہوجائیں تو تم اسلام سے ایڑیوں کے بل پھر جاؤگے؟ اور جو کوئی اسلام سے اپنی ایڑیوں کے بل پھر جائے وہ ہرگز اللہ تعالی کا کچھ نہیں بگاڑ سکتا، اور عنقریب اللہ تعالی شکر گزار بندوں کو اچھا بدلہ دیگا'' جو صحابہؓ آپﷺ کی وفات کے سلسلے میں متردد تھے ، وفات کے سلسلے میں آیات قرآنی کو حضرت ابوبکرؓ کی زبانی سن کر مطمئن ہوگئے.

آپﷺ کی وفات کے فوراً بعد آپﷺ کی جانشینی کا مسئلہ اٹھ کھڑا ہوا، انصارؓ نے چاہا کہ اپنے میں سے خلیفہ چن لیں، یہ خبر دیگر اکابر صحابہؓ تک پہونچی تو وہ مجلس انتخاب میں تشریف لے گئے، ابوبکر رضی اللہ تعالی عنہ نے آگے بڑھ کر اللہ کے رسولﷺ کی یہ حدیث پڑھی:

"اَلْأَئِمَّةُ مِنْ قُرَيْشٍ" ﴿البخاری﴾
خلفائے رسولﷺ قبیلۂ قریش سے ہونگے .

یہ حدیث رسول سنتے ہی انصارؓ اپنے خیالات سے باز آگئے اور بالاتفاق قبیلۂ قریش سے خلیفۃ الرسول کا انتخاب ابوبکرؓ کی صورت میں عمل میں آیا.

آپﷺ کی وفات کے بعد آپ کی تدفین کے سلسلے میں اختلاف ہوا کہ آپ کو کہاں دفن کیا جائے؟ کسی نے کہا مکہ مکرمہ آپ کی جائے پیدائش ہے اس لئے آپ کو وہیں دفن کیا جائے کسی نے کہا بیت المقدس مدفن الانبیاء ہے اس لیئے آپ کو وہاں لے جا کر دفن کیا جائے، کسی نے رائے دی جنت البقیع میں آپ کے اکثر و بیشتر اصحاب مدفون ہیں اس لئے آپ کو وہیں دفن کیا جائے ، اور کسی نے آپ کے منبر اور جائے امامت میں دفن کئے جانے کی رائے دی، لیکن جب مائی عائشہ رضی اللہ تعالی عنہا نے آپﷺ کی یہ حدیث پڑھ کر سنایا تو سارا اختلاف دور ہوگیا.

"مَامَاتَ نَبِيٌّ إِلَّا دُفِنَ حَيْثُ يُقْبَضُ" ﴿طبقات ابن سعد ج۴﴾
جس نبی کی جہاں وفات ہوتی ہے وہ وہیں دفن کیا جاتا ہے .

حضرت علیؓ کے عہد خلافت میں ان کے سامنے ایک مرتد کو پیش کیا گیا تو انہوں نے اسے آگ میں جلا دینے کا حکم دیا لیکن جب عبداللہ بن عباسؓ نے اللہ کے رسول کی یہ حدیث "مَنْ بَدَّلَ دِينَهُ فَاقْتُلُوهُ" پڑھ کر سنائی تو حضرت علیؓ نے فرمایا" صدق ابن عباسؓ " ﴿الترمذی﴾

عبداللہ بن عمرؓ نے جب شامیوں کو حج تمتع کا فتوی دیا تو ان لوگوں نے کہا کہ آپ کے والد عمر بن الخطابؓ تو حج تمتع سے منع کرتے

تھے اور آپ ان کے خلاف فتوے دیتے ہیں ، اس پر عبداللہ بن عمرؓ نے فرمایا۔

"أمر أبي يتبع أم أمر النبي ﷺ" ﴿ الترمذی ﴾

میرے باپ کے حکم کی اتباع کی جائے گی یا نبی ﷺ کا حکم چلے گا۔

مذکورہ واقعات سے واضح ہوتا ہے کہ صحابہ کرام اجتماعی اور انفرادی دونوں صورتوں میں آپ کی وفات کے بعد بھی آپ کے قول و فعل کو اپنے قول و فعل پر مقدم جانتے تھے اور اسی کو اپنی شاہراہِ زندگی کے لئے فیصل مانتے تھے ، لہذا ہمیں بھی صحابہؓ کی طرح اللہ کے رسول ﷺ کے قول و فعل کو اپنے قول و فعل پر مقدم جانتے ہوئے اسی کو اپنی شاہراہِ زندگی کیلئے فیصل ماننا چاہئے ۔

محبتِ رسول میں غلو

محبت و عقیدت کی تاریخ بتاتی ہے کہ ہمیشہ بڑی شخصیتوں کی محبت میں غلو اور ان کی بیجا عقیدت نے بدعات و خرافات اور کفر و شرک کے لئے راہ ہموار کیے ، نوح علیہ السلام کی بعثت کے پہلے شرک و کفر نے اسی راہ سے دلوں میں جگہ پائی ، وہ چند بزرگ ہستیاں ہی تھیں جن کی پہلے مجسم تصویریں بنا کر گھروں اور دکانوں میں لٹکائی گئیں ، پھر آہستہ آہستہ ان کی عظمت بیٹھتی گئی اور ان کی پوجا ہونے لگی ، قرآن مجید نے شرک کی اس تاریخی حقیقت کا انکشاف کیا ہے :

" وقالوا لا تذرن آلهتكم ولاتذرن ودا ولاسواعا ولا يغوث ويعوق ونسرا" ﴿ نوح : 23 ﴾

اور انہوں نے کہا کہ ہرگز اپنے معبودوں کو نہ چھوڑو ، اور نہ ود اور سواع اور یغوث اور یعوق اور نسر کو چھوڑو ۔

ود ، سواع ، یغوث ، یعوق اور نسر یہ نوح علیہ السلام کی قوم کے پانچ برگزیدہ افراد ہی تھے جن کی عقیدت و محبت میں ان کے عقیدت مندوں نے شیطان کے ورغلانے پر ان کی تصویریں بنا کر اپنے گھروں اور دکانوں میں سجا لیا تا کہ ان کی یاد تازہ رہے ، اور ان کے تصور سے خود ان ہی کی طرح نیکیاں کرتے رہیں ، پھر آہستہ آہستہ ان کی پرستش ہونے لگی ، پھر ان کی اتنی شہرت ہوئی کہ عرب میں بھی ان کی پرستش ہونے لگی ، چنانچہ ود قبیلہ کلب کا مقام دومۃ الجندل میں سواع قبیلہ ہذیل کا ساحل بحر کے قریب ، یغوث بنو غطیف کا مقام جرف میں ، یعوق قبیلہ ہمدان کا اور نسر قبیلہ حمیر کا معبود ٹھہرا ۔

اس کے علاوہ عرب فرشتوں کو خدا کی بیٹیاں ، یہود عزیر علیہ السلام اور نصاریٰ عیسیٰ علیہ السلام کو خدا کا بیٹا بنا کر پوجتے تھے ۔

" فاستفتهم ألربك البنات ولهم البنون ، أم خلقنا الملائكة إناثاوهم شاهدون☆ ألا إنهم من إفكهم ليقولون☆ ولد الله وإنهم لكاذبون ، اصطفى البنات على البنين مالكم كيف تحكمون ،أفلاتذكرون" ﴿ الصافات : 149..155 ﴾

ان سے دریافت کیجئے کہ آپ کے رب کی تو بیٹیاں ہیں اور ان کے بیٹے ہیں ، یا یہ اس وقت موجود تھے جب کہ ہم نے فرشتوں کو مونث پیدا کیا ، آگاہ رہو یہ لوگ صرف اپنی افترا پردازی سے کہہ رہے ہیں کہ اللہ تعالیٰ کی اولاد ہے ، یقیناً یہ محض جھوٹے ہیں ، کیا اللہ تعالیٰ نے اپنے لئے بیٹیوں کو بیٹوں پر ترجیح دی ہے ، تمہیں کیا ہوگیا ہے کیسے حکم لگاتے پھرتے ہو؟ کیا تم اس قدر بھی نہیں سمجھتے ؟

"وقالت اليهود عزير ابن الله وقالت النصارى المسيح ابن الله ذلك قولهم بأفواههم يضاهؤن قول الذين كفروا من قبل قاتلهم الله أنى يؤفكون" ﴿ التوبة : 30 ﴾

یہود کہتے ہیں عزیر اللہ کا بیٹا ہے ، اور نصاریٰ کہتے ہیں مسیح اللہ کا بیٹا ہے ، یہ قول صرف ان کے منہ کی بات ہے ، اگلے کافروں کی بات کی یہ بھی نقل کرنے لگے ، اللہ تعالیٰ انہیں غارت کرے ، وہ کیسے پلٹائے جاتے ہیں ۔

" عن عائشة رضى الله تعالى عنها أن أم سلمة رضى الله تعالى عنها ذكرت لرسول الله ﷺ كنيسة

رأتها بأرض الحبشة وما فيها من الصور ، فقال: أولئك إذا مات فيهم الرجل الصالح أو العبد الصالح بنوا على قبره مسجدا وصوروا فيه تلك الصور أولئك شرار الخلق عند الله " ﴿ البخاری ﴾

عائشہ رضی اللہ تعالیٰ عنہا فرماتی ہیں کہ ام سلمہ رضی اللہ تعالیٰ عنہا نے اللہ کے رسول ﷺ سے ایک گرجا گھر کا ذکر کیا جسے انہوں نے سرزمین حبشہ میں دیکھا تھا جس کے اندر بہت ساری تصویریں تھیں تو آپ ﷺ نے ارشاد فرمایا '' یہ وہ لوگ ہیں کہ جب ان میں سے کوئی نیک مرد یا نیک بندہ مرجاتا ہے تو یہ اس کی قبر پر مسجد اور اس کی تصویر بنا ڈالتے یہ وہی تصویریں ہیں جنہیں تم نے گرجا گھر میں دیکھا ہے، یہ لوگ اللہ تعالیٰ کے نزدیک بدترین مخلوق ہیں .

شرک و کفر کی یہ قدیم و جدید تاریخ اور اس کا پس منظر وحی الٰہی کے ذریعے آپ کے دل پر القا ہوا اور آپ نے اپنی بیجا عقیدت اور اپنی محبت میں غلو سے اپنی امت کو روکا تا کہ گزشتہ قوموں کی طرح یہ بھی شرک و کفر کا شکار نہ ہو جائے . چنانچہ حضرت معاذ رضی اللہ تعالیٰ عنہ اپنے یمن کے سفر سے واپسی کے بعد آپ ﷺ سے عرض کرتے ہیں کہ اے اللہ کے رسول ﷺ یمن میں نصاریٰ اپنے پادریوں کا ہاتھ پاؤں چومتے ہیں اور ان کو سجدہ کرتے ہیں، آپ تو اللہ کے نبی ہیں اور اس امر کے بدرجہ اولیٰ حقدار ہیں ، اس پر آپ ﷺ نے ارشاد فرمایا:

"لو كنت آمرا أحدا أن يسجد لأحد لأمرت المرأة أن تسجد لزوجها ﴿ الترمذی ﴾
اگر میں کسی کو کسی کے سجدہ کرنے کا حکم دیتا تو یہ حکم دیتا کہ بیوی اپنے شوہر کو سجدہ کرے .
اسی بے جا عقیدت اور محبت میں غلو نے یہود و نصاریٰ کو شرک میں مبتلا کیا، جن پر اللہ کے رسول نے لعنت بھیجی ہے :

" لعنة الله على اليهود والنصارى الذين اتخذوا قبور أنبيائهم مساجد" ﴿ البخاری و مسلم ﴾
یہود و نصاریٰ پر اللہ کی لعنت ہو جنہوں نے اپنے نبیوں کی قبروں پر عبادت گاہیں بنا ڈالیں .
اور ان کے اس فعل شنیع سے آپ ﷺ نے اپنی امت کو روکا.

" لا تطرونی کما أطرت النصارى عیسی ابن مریم إنما أنا عبد فقولوا عبد الله ورسوله " ﴿ البخاری و مسلم ﴾
مجھے حد سے آگے نہ بڑھاؤ جیسا کہ نصاریٰ نے عیسی بن مریم کو بڑھایا، میں صرف بندہ ہوں تو مجھے بندہ اور اللہ کا رسول ہی کہو!
بلکہ آپ ﷺ نے رب العالمین سے دعا کی کہ آپ کی قبر کو اس فعل شنیع سے محفوظ رکھا جائے .

" اللهم لا تجعل قبری وثنا یعبد اشتد غضب الله على قوم اتخذوا قبور أنبیائهم مساجد" ﴿ مؤطا ﴾
اے اللہ میری قبر کو بت نہ بنانا ، اللہ کا غضب ایسی قوم پر سخت ہو گیا جنہوں نے اپنے نبیوں کی قبروں کو عبادت گاہیں بنا ڈالیں.
رسول اللہ ﷺ کی یہ دعا قبول ہوئی اور آپ کی قبر عبادت گاہ بننے سے محفوظ رہی ، چنانچہ حضرت عائشہ فرماتی ہیں .

" ولو لا ذلک لأبرز قبره ولکن کره أن یتخذ مسجدا" ﴿ البخاری ﴾
اگر آپ ﷺ کی قبر کو عبادت گاہ بنائے جانے کا خدشہ نہ ہوتا تو اس کو اونچی کی جاتی لیکن آپ نے اس پر مسجد بنانے کو ناپسند فرمایا.
ولید بن عبدالملک کے دور میں آپ ﷺ کی قبر کو ہاں نماز نہ بنا کر اس کے اردگرد اونچی دیوار کھڑی کر دی اور اسے کمرہ نما بنا دیا گیا

تاکہ کوئی اسے قبلہ بناکر نماز نہ پڑھنے لگے اور اوپر سے نذر انے کی رقم نہ پھینکنے لگے .

﴿فتاوی ابن تیمیہ ج ۲۸/ ص ۳۲۶﴾

یہودیوں نے آپﷺ کی قبر کھود کر آپ کی لاش کو مدینہ منورہ سے غائب کرنی چاہی تو من جانب اللہ نورالدین زنگی بادشاہ کو خواب کے ذریعے اس یہودی مکر سے آگاہ کیا اور انہوں نے ان کی شرانگیزی سے بچنے کے لئے قبر نبوی کے اردگرد شیشہ پلائی دیوار کھڑی کردی .

اب اس کے بعد کوئی شخص آپ کی قبر تک نہ پہونچ سکتا ہے اور نہ اسے عبادت گاہ بنائی جاسکتی ہے اور نہ اس کے آگے نماز پڑھی جاسکتی ہے اور نہ وہاں کوئی دوسرا عمل شنیع کیا جاسکتا ہے جیسا کہ دوسری قبروں پر کیا جاتا ہے، لیکن وائے افسوس کہ اس کے باوجود آپ کی امت کے کچھ نادان لوگ آپ کی جھوٹی محبت وعقیدت میں مبتلا آپ کے کمرے کے سامنے طرح طرح کی ممنوعہ حرکتیں کرتے ہیں جو نہ آپ کے کمرے کے اندر ہے اور نہ آپ کی قبر کے اوپر ہے، اس طرح آپﷺ کی دعا قبول ہوئی اور آپ کی قبر ہر طرح کے کفر وشرک سے محفوظ ہے .یہ تو آپﷺ کی قبر کا معاملہ ہوا لیکن دنیا کی دوسری قبروں پر آپ کی امت کی ایک بڑی تعداد مجاور بن کر بیٹھی ہے جہاں سے شرک وکفر کی بڑی پیمانے پر ترویج واشاعت ہورہی ہے، سچ ہے :

" لا تقوم الساعة حتى يلحق من أمتى بالمشركين وحتى تعبد فئام من أمتى الأوثان" ﴿ البرقانى فى صحيحه ﴾

قیامت قائم نہیں ہوگی یہاں تک کہ میری امت کے کچھ لوگ مشرکین سے جاملیں گے، اور میری امت کی کچھ جماعتیں بتوں کی پرستش کرنے لگیں گی .

حاصل یہ کہ نبیوں ، ولیوں اور بڑی شخصیتوں کی بے جا عقیدت اور ان کی محبت میں غلو کا نتیجہ ہمیشہ کفر وشرک کی شکل میں نمودار ہوا ہے، اس لئے ہمیں آپﷺ کی محبت وعقیدت میں غلو سے کام نہیں لینا چاہئے .

"إياكم والغلو فإنما أهلك من كان قبلكم الغلو" ﴿ الترمذى ﴾

غلو سے بچو! اس لئے کہ غلو نے تم سے پہلے لوگوں کو ہلاکت میں ڈالا ہے .

اور اللہ تعالی کا ارشاد ہے :

"يأهل الكتاب لاتغلوا فى دينكم ولاتقولوا على الله إلا الحق" ﴿النساء: ۱۷۱ ﴾

اے اہل کتاب! اپنے دین میں غلو سے کام نہ لو اور اللہ پر حق کے سوا کچھ نہ کہو .

محبت کا انجام

پاکیزہ محبت جو دلوں کو روح کے میلان صحیح سے حاصل ہوتی ہے اور جو شریعت کو محبوب ومطلوب ہے ، اس کا انجام بڑا ہی قابل رشک اور خوش کن ہے اور جس کو بقا و دوام حاصل ہے ، ایک ایسے شخص کے بارے میں آپﷺ سے دریافت کیا گیا جو ایسی قوم سے محبت رکھتا تھا جس سے اس کی ملاقات نہیں تھی تو آپﷺ نے ارشاد فرمایا:

"المرأ مع من أحبّ " ﴿ البخارى ﴾ آدمی کا حشر اس شخص کے ساتھ ہوگا جسے وہ محبت رکھتا ہے .

عبداللہ بن یزید رضی اللہ تعالی عنہ نے آپ کی خدمت میں حاضر ہوکر عرض کیا کہ اے اللہ کے رسولﷺ! مجھے آپ میری جان، مال اور آل واولاد سے زیادہ محبوب ہیں، جب آپ مجھے یاد آتے ہیں تو گھر میں ٹک نہیں سکتا کیوں کہ آپ کی جدائی میں بے قرار

ہوجاتا ہوں اور آپ کو دیکھ کر تسلی ہوجاتی ہے مگر میں اپنی اور آپ کی موت کا تصور کرکے کہتا ہوں کہ آپ تو فردوسِ بریں میں نبیوں اور رسولوں کے ساتھ بڑے بڑے درجات میں ہوں گے اور اگر میں جنت میں پہونچا بھی تو کسی ادنیٰ مقام میں ہوں گا ، نہ آپ کا دیدار نصیب ہو سکے گا اور نہ آپ کو پاسکوں گا اس پر یہ آیت نازل ہوئی اور آپ نے اسے پڑھ کر سنایا جس سے اس شخص کو قرار آ گیا.

"ومن يطع الله والرسول فأولئك مع الذين أنعم الله عليهم من النبيين والصديقين والشهداء والصالحين وحسن أولئك رفيقا" ﴿النساء: ٦٩﴾

اور جو بھی اللہ اور رسولﷺ کی اتباع کریگا وہ ان لوگوں کے ساتھ ہوگا جن پر اللہ تعالیٰ نے انعام کیا ہے جیسے نبی ،صدیق ،شہید اور نیک لوگ، یہ بہترین رفیق ہیں .

" من أحبني كان معي في الجنة" ﴿الترمذی﴾

جس نے مجھ سے محبت کی وہ میرے ساتھ جنت میں ہوگا.

حقیقی محبت کہاں سے لائیں؟

محبت کی جگہ دل ہے اور دل کا مالک اللہ تعالیٰ ہے ، اس میں جس کی محبت وہ چاہتا ہے ڈالتا ہے ، جس سے کسی کو انکار کا یارا نہیں ، حتی کہ اللہ کے رسولﷺ کے بارے میں حضرت عائشہ رضی اللہ تعالیٰ عنھا فرمائی ہیں :

"كان يقسم بين نسائه فيعدل ويقول:" اللهم هذا قسمی فيماأملك فلاتلمنی فيماتملك ولا أملك" ﴿الترمذی﴾

آپﷺ اپنی بیویوں کے درمیان باری اور دیگر امور کی تقسیم میں عدل سے کام لیتے تھے اور ساتھ ہی دعا کرتے تھے کہ اے اللہ میری یہ تقسیم ہے جس کا میں مالک ہوں تو تو مجھے ان امور میں ملامت نہ کرنا جس کا تو مالک ہے اور میں مالک نہیں ہوں . یقیناً ہر چیز کی طرح محبت کا مالک بھی اللہ تعالیٰ ہی ہے اور جب اور جس طرح چاہتا ہے انسانی دلوں کے درمیان اپنی مشیت اور مرضی کے مطابق اسے ڈالتا ہے .

" واعلموا أن الله يحول بين المرء وقلبه وأنه إليه تحشرون" ﴿الأنفال: ٢٤﴾

اور جان رکھو کہ اللہ تعالیٰ آدمی اور اس کے دل کے درمیان حائل ہوجایا کرتا ہے اور بلا شبہ تم سب کو اللہ ہی کے پاس جمع ہونا ہے.

اور اللہ کے رسولﷺ فرماتے ہیں :

"بنی آدم کے دل رحمان کی دو انگلیوں کے درمیان ایک دل کی طرح ہیں ، انہیں جس طرح چاہتا ہے پھیرتا رہتا ہے"

پھر آپﷺ نے یہ دعا پڑھی:

" اللهم مصرف القلوب صرف قلوبنا إلى طاعتك" ﴿مسلم﴾

اے دلوں کے پھیرنے والے اللہ ہمارے دلوں کو اپنی طاعت و بندگی کی طرف پھیر دے.

یقیناً دلوں کا پھیرنے والا اور دو دلوں کو الفت اور محبت کی لڑی میں پرونے والا اللہ تعالیٰ ہی ہے ، حتی کہ نبی اور رسول بھی یہ کام انجام نہیں دے سکتے ، ہاں انسان دعا ،طاعت ، بندگی اور حصولِ محبت کے دیگر وسائل و ذرائع کو اختیار کرکے یہ نعمت اللہ تعالیٰ کے دربار سے حاصل کرسکتا ہے. اور مومن بندے کو ایسا کرنے کا حکم بھی ہے .

بعثتِ نبوی کے پہلے عرب کی قساوت قلبی اور ان کے دلوں کی دوری انتہا کو پہونچی ہوئی تھی ان کے درمیان الفت ومحبت پیدا کرنا آسان نہ تھا لیکن جب اللہ تعالیٰ کی مشیت ہوئی تو باہم شیر و شکر ہوگئے ، اللہ تعالیٰ کا ارشاد ہے :

"وألف بين قلوبهم لوأنفقت ما فی الأرض جميعا ماألفت بين قلوبهم ولكن الله بينهم إنه عزیز حکیم" ﴿الأنفال: ٦٣﴾

ان کے دلوں میں باہمی الفت ومحبت بھی اسی نے ڈالی ہے، زمین میں جو کچھ ہے اگر آپﷺ سارا کا سارا بھی خرچ کر ڈالتے تو بھی ان کے دل آپس میں نہ ملا سکتے، یہ تو اللہ تعالی ہی نے ان کے دلوں میں الفت ڈال دی ہے، بے شک وہ غالب حکمت والا ہے.

کسی بندے کو الفت ومحبت کی یہ دولت مشیت الٰہی اور رضائے الٰہی سے حاصل ہوجائے تو یہ ایک بڑی نعمت ہے، اس پر اسے اللہ تعالی کا شکر بجالانا چاہئے.

"واعتصموا بحبل الله جميعا ولاتفرقوا واذكروا نعمة الله عليكم إذ كنتم أعداءً فألف بين قلوبكم فأصبحتم بنعمته إخوانا"
﴿ال عمران : ۱۰۳﴾

اور اللہ تعالی کی رسی کو سب مل کر مظبوطی سے تھام لو اور پھوٹ نہ ڈالو اور اللہ تعالی کے اس وقت کی نعمت کو یاد کرو جب تم ایک دوسرے کے دشمن تھے تو اس نے تمہارے دلوں میں الفت ومحبت ڈال دی تو تم اس کی مہربانی سے بھائی بھائی ہو گئے.

اللهم لك الحمد والشكر وأطلب منك حبك وحب نبيك وحب من يحبك وحب عمل يقربني إلى حبك ☆ والصلاة والسلام على نبيك وعلى آله وصحبه أجمعين.

مراجع

☆ القرآن الكريم.
☆ الجامع الصحيح.   رالإمام البخاري.
☆ الجامع الصحيح.   رالإمام مسلم.
☆ الترمذي.   رالإمام الترمذي.
☆ مسند احمد.   رالإمام احمد بن حنبل.
☆ زاد المعاد   رابن القیم.
☆ فتاوٰی ابن تیمیہ ج۲۷.   رشيخ الإسلام ابن تيمية.
☆ الحب والجنس من منظور اسلامی   رمحمد علی قطب.
☆ إحياء علوم الدين ج۲/۳   رالغزالي.
☆ رحمة للعالمين ج۲/۳   رمحمد سلیمان منصورپوری.
☆ اسلامی خطبات ج۱.   رعبدالسلام بستوی.

مسلمان عورت کا پردہ اور لباس

بین الاقوامی ایڈیشن

منظر عام پر آ چکا ہے